Dankeschön.

Das erste FAN-Kochbuch in der Geschichte des Deutschen Fußballs konnte nur mit großzügiger Unterstützung der Verantwortlichen des 1. FC Kaiserslautern erscheinen. Stellvertretend bedanken sich die Herausgeber beim Präsidenten Hubert Kessler und den mitwirkenden Spielern der Profimannschaft ganz herzlich.

Ein ebenso herzlicher Dank gilt den Sponsoren, die durch ihre Unterstützung die wirtschaftlichen Voraussetzungen für das Erscheinen der Erstauflage schafften. Nicht zuletzt, sondern ganz ausdrücklich, gilt ein „dickes Dankeschön" für das Vorwort den beiden Weltmeistern von 1954: Fritz Walter und Horst Eckel.

Impressum:

Herausgeber:	BFW GmbH,
	Neustadt an der Weinstraße
	1. Auflage 1998
Konzeption:	Günter Wessa
Rezepte:	Siegfried Völker
Autoren:	Reiner Trinkel, Philip Wessa
Koordination:	Anja Butz
Gestaltung:	Detlev Bucks, Gunther Sebastian
Fotografie:	CMA, Thomas Brenner, Paul Gilbrecht
Realisation:	Susanne Werthmann
Lithographie:	E-Team, Böchingen
Druck:	Werbe-Druck Winter, Sandhausen

ISBN 3-00-002696-7

Vorwort

Hühnerfrikasee mit Reis war 1954 das Erfolgsrezept der deutschen Fußballmannschaft vor dem Finale in Bern. Die Ungarn haben das scheinbar nie vergessen. Noch heute probieren ihre Fußballer den gleichen Trick vor wichtigen Spielen (s. Seite 38).
Aber ernsthaft, wenn der Chef, Seppl Herberger, gemeinsam mit dem Mannschaftskoch den Speiseplan zusammenstellte, waren Reis und leichte Fleischgerichte die Renner. Zuhause, bei unserem FCK waren erst unsere Mütter und später unsere Frauen für die Ernährung zuständig. Kohlenhydrate, Mineralstoffe usw. waren Fremdwörter – man aß was auf den Tisch kam.

Ich war ein recht guter Esser vor dem Spiel, aber für Fritz war es eine Belastung. Er war immer wahnsinnig nervös. Erst nach den Spielen konnten wir dann gemeinsam so manch gutes Essen genießen. Oft waren wir in Wachenheim eingeladen oder nach Spielen in Ludwigshafen, in Gaststätten der Vorderpfalz. Dort wurde gute Pfälzer Küche gepflegt, aber natürlich gab es einheitlich für jeden das Gleiche.
Heute lassen wir uns gerne im FCK-Treff verwöhnen. Leckere Filetsteaks, medium gebraten mit Sauce Bernaise, frischem Kopfsalat und Kroketten schmecken dort köstlich. Dazu für Fritz einen runden, vollmundigen Dornfelder Rotwein und für mich einen trockenen Pfälzer Riesling. Uns gefällt es auf unserem Betze so gut, daß wir auch unseren 65. bzw. 75. Geburtstag dort im großen Restaurant gefeiert haben. Und trotzdem schmeckt´s natürlich am allerbesten zu Hause. Fritz hat mit seiner Frau Italia eine Spitzenköchin am Herd, die auch mal französische oder italienische Gerichte zaubert. Meine Lieblingsspeise ist eine Spezialität meiner Frau Hannelore: Sahnenierchen mit Schneebällchen (s. Seite 52) und grünem Salat.
Vielleicht sollten wir ja auch mal die Rezepte unserer Frauen veröffentlichen. Denn beide kochen wirklich ausgezeichnet.
Wir wünschen Ihnen viel Spaß beim Lesen, Nachkochen und Essen und auch in Zukunft viel Freude mit unserem 1. FCK.

[Unterschrift]

[Unterschrift Fritz Walter]

FOREVER
FOREVER
KAISERSLAUTERN
WIEDERAUFSTIEG 96/97
DEVIL
1860 MÜNCHEN
TSV
1.FC KAISERSLAUTERN
SUPER
DFB Pokal
25. Mai
1996
KAISERSLAUTERN

PORTRAIT

Siegfried Völker

Chefkoch auf dem Betzenberg

Zu einem guten Kochbuch gehört ein guter Koch. Und weil der 1. FCK der erste Bundesligaclub ist, der beides vorzeigen kann, sollen dem FCK-Chefkoch Siegfried Völker an dieser Stelle ein paar Zeilen gewidmet werden. Denn er hatte nicht nur die Idee zu diesem Buch, sondern hat die Leibgerichte der Spieler aufgeschrieben, die entsprechenden Rezepte zusammengestellt und so aufbereitet, daß man sie leicht nachkochen kann.

Miroslav Kadlec

Miro, unser Abwehrbollwerk aus Böhmen, mag's genußvoll deftig. Wer wie er stets die Übersicht behält und gegnerische Angreifer reihenweise zur Verzweiflung bringt, darf sich auch gerne mal 'ne zweite Portion gönnen vom

Schweinebraten und Böhmische Knödel

Zutaten (für 4 Personen):
1,2 kg Schweineschulter mit Schwarte, 2 EL Biskin Pflanzencreme, 2 Knoblauchzehen (zerdrückt), 2 TL mittelscharfer Senf, Salz, Pfeffer, 1/2 Pfund Zitronenmelisse (gehackt), 1/8 l Brühe, 3/8 l Apfelwein, 250 g kleine Zwiebel, 750 g Äpfel, 8 EL Sahne.

Zutaten böhmische Knödel:
350 g mehlig kochende Pfälzer Grumbeere, 125 g Mehl, 20 g Butter, 1 Prise Salz, 1 Ei, 800 g Zwetschgen, Würfelzucker, braune Butter zum Übergießen, Zwetschgenschnaps.

Zubereitung:

1. Die Schwarte der Schweineschulter rautenförmig einritzen. Biskin Pflanzencreme mit Knoblauch, Senf, Salz, Pfeffer und Zitronenmelisse verrühren und das Fleisch – nicht die Schwarte – damit einstreichen. In einen Gundel-Bräter legen, mit etwas kochender Brühe übergießen und bei mittlerer Hitze so lange braten, bis die Flüssigkeit verdampft ist. Mit etwas Apfelwein ablöschen.
2. Nach 1 Stunde die restliche Flüssigkeit dazugeben. Nach weiteren

Der Gundel-Bräter: ideal zum individuellen Zubereiten von Fleisch und Fisch, Gans, Ente, Rollbraten und für Spieße.

20 Minuten die geschälten Zwiebeln und 20 Minuten später die entkernten und geviertelten Äpfel hinzufügen. 10 Minuten weiterschmoren, dann das Fleisch herausheben und in Scheiben schneiden. Den Bratenfond mit ein paar passierten Apfelstücken binden und mit geschlagener Sahne verfeinern.

Zubereitung Böhmische Knödel:

1. Pfälzer Grumbeere kochen, schälen und sofort durch die Kartoffelpresse drücken. Abkühlen lassen. Mehl, Butter, Salz und Ei dazugeben und rasch mit den Händen zu einem geschmeidigen Teig verkneten. 10 Minuten ruhen lassen.
2. Zwetschgen entkernen und statt des Kerns einen Würfelzucker, getränkt in Zwetschgenschnaps, in die Frucht stecken.
3. Kartoffelteig zu einer Rolle formen, kleine Teigstücke davon abschneiden, eine Zwetschge darauflegen und mit dem Teig umhüllen. Zu Knödeln formen und im leicht siedenden Wasser gar ziehen lassen.
4. Sobald die Knödel nach oben steigen, mit einem Schaumlöffel herausheben. Anschließend mit brauner Butter übergießen.

Pavel Kuka

Der tschechische Torjäger und Vizeeuropameister kommt öfter mal auf einen Sprung im FCK-Treff vorbei, um Siegfried Völker unter die Topfdeckel zu spitzeln. Nicht nur dies, sondern auch sein Wunschrezept zeichnen ihn als echten Gourmet aus.

Ente in Wirsing mit Semmelknödeln

Zutaten (für 4 Personen):
1 Wirsingkohl (ca. 1 kg), 1 Zwiebel, 3 EL Biskin Pflanzencreme, 200 ml Fleischbrühe, 100 ml Weißwein, 2 Entenkeulen, 2 Entenbrüste, Salz, Pfeffer.

Semmelknödel:
10 trockene Semmeln, etwas Salz, ca. 3/8 l Milch, 30 g Biskin Pflanzencreme, 1 kleine Zwiebel (gewürfelt), Petersilie (gehackt), 2–3 Eier, etwas Mehl.

Zubereitung:

1. Wirsing putzen, waschen, vierteln, Strunk entfernen und die Kohlviertel in Streifen schneiden.
2. Zwiebel schälen, in Würfel schneiden und in einem Eßlöffel heißer Biskin Pflanzencreme glasig dünsten. Wirsing dazugeben, Brühe und Wein angießen und zugedeckt 30 Minuten schmoren lassen.
3. Restliche Pflanzencreme in einem Bräter von Gundel erhitzen und die Entenkeulchen und Brüstchen auf allen Seiten anbraten. Mit Salz und Pfeffer würzen und zugedeckt bei geringer Hitze (Entenbrust 20 Minuten, Entenkeulchen 30 Minuten) schmoren lassen.

Stefan Ertl

Stefan Ertl aus der
„Attacke“ des FCK ist in I
in der Pfalz zu Hause. Da
wissen, wenn man sein I
zept richtig würdigen wil
geblich sind sie nirgends
dort, die berühmten

Dampfnudeln mit Weinsoße

Zutaten Weinsoße
(für 4 Personen):
400 ml Weißwein, 8 Eig
320 g Zucker, Zitronens

Zutaten Dampfnudeln:
1 Pfund Mehl, 5–6 EL Z
etwas Salz, 2 Päckchen
1 TL Backpulver, 1 Tasse
3–4 EL Buttermilch,
250 g Butter, 4–5 Eier.

4. Entenbrust und Keule zum Wirsing geben und weitere 5 Minuten mitschmoren lassen. Entenfleisch auf dem Wirsing anrichten.

Zubereitung Semmelknödel:

1. Die Semmel kleinschneiden, mit etwas Salz bestreuen, lauwarme Milch darübergießen und zugedeckt ziehen lassen.
2. Zwiebel und Petersilie in Biskin Pflanzencreme dünsten und alles zusammen mit den Eiern zu einem glatten Teig verarbeiten. Mit nassen Händen Knödel formen.
3. In kochendem Salzwasser, dem etwas Mehl zugefügt ist, einen Probekloß vorkochen. Sollte er zu weich sein, muß der Teig nochmals mit Semmelbröseln gebunden werden. Die übrigen Klöße 20 Minuten ziehen lassen.

Die Hochrandpfannen von
Gundel eignen sich beson
für Dampfnudeln.
Ideal auch für alle Gericht
mit Soßen.

Olaf Ma

So glänzend sich de
ter in der Pfalz einge
gut es ihm und seine
fällt – beim Essen lie
merstar aus Sachse

Thüringer Bra Karottenpüre und Sauerkra

Zutaten (für 4 Pers
4 Thüringer Bratwü
2 EL Biskin Pflanzer

Zutaten Sauerkraut
800 g rohes Sauer
2 mittelgroße Zwiel
geräucherter Bauch
60 g Schweineschm
lauchzehe, 2 Teelöff
2 Teelöffel Wacholde
blätter, 1 Teelöffel P
3 Teelöffel Salz, 1 /4

Zutaten Kartoffelpü
mit Karotten:
300 g Pfälzer Grum
Pfeffer, geriebene M
250 g Sahne, 100 g
30 g Schalotten, ge
1 EL Biskin Pflanzen

Jürgen Rische

So sturmgewaltig unser Sachsenbomber auf dem Spielfeld ist, so bedächtig ist er im sonstigen Leben. „Mhm, mal kurz nachdenken.“ antwortete er in aller Ruhe auf die Frage nach seinem Leibgericht. Und natürlich war's dann was Deftiges aus der Heimat, das ihm als erstes in den Sinn kam:

Gekochtes Eisbein mit Sauerkraut und Erbsenpüree

Zutaten (für 4 Personen):
3 l Wasser, 4 leicht gepökelte Eisbeine (à 400 g), 4 Zwiebeln, 5 Lorbeerblätter, 12 weiße Pfefferkörner, 5 Wacholderbeeren, 1 1/2 Teelöffel Zucker, 2 Nelken.

Zutaten Sauerkraut:
800 g rohes Sauerkraut,
2 mittelgroße Zwiebeln,
200 g geräucherter Bauchspeck,
60 g Schweineschmalz,
1 Knoblauchzehe, 2 Teelöffel Kümmel, 2 Teelöffel Wacholder, 3 Lorbeerblätter, 1 Teelöffel Pfeffer (weiß), 3 Teelöffel Salz, 1/4 Liter Weißwein.

Zubereitung Eisbein:

1. Wasser in einem großen Gundel-Topf zum Kochen bringen. Eisbeine mit kaltem Wasser abbrausen und dazugeben.

2. Die Zwiebeln schälen und achteln. Zwei Zwiebeln mit drei Lorbeerblättern, den Pfefferkörnern, den Wacholderbeeren und einem halben Teelöffel Zucker dazugeben. Alles im geschlossenem Topf bei geringer Hitze ca. eineinhalb Stunden garen.
3. Die Eisbeine herausnehmen und warm stellen. Die Brühe durch ein Sieb gießen und in einem Gefäß auffangen. Eisbeine wieder in den Topf geben und mit einem halben Liter Brühe aufgießen.

Zubereitung Sauerkraut:

Das Sauerkraut kurz waschen. Die geschälte Zwiebel in kleine Würfel schneiden. Mit dem ebenfalls in Würfel geschnittenen Bauchspeck in einem Gundel-Topf in Schweineschmalz glasig anbraten. Das Sauerkraut hinzufügen, mit den restlichen Zutaten vermischen und mit dem Wein aufgießen. Bei geschlossenem Topf je nach gewünschter Garzeit 20 bis 45 Minuten schmoren. Zum Binden des Sauerkrautes empfiehlt es sich knapp vor Ende der Garzeit eine geschälte rohe Kartoffel dazuzureiben.

Zutaten Kartoffelpüree mit Erbsen:
300 g Pfälzer Grumbeere, Salz, Pfeffer, geriebene Muskatnuß, 250 g Sahne, 100 g Erbsen, 30 g Schalotten, gewürfelt, 1 EL Biskin Pflanzencreme.

Zubereitung Kartoffelpüree mit Erbsen:

1. Die Pfälzer Grumbeere schälen und in Salzwasser garen, danach abschütten, gut ausdämpfen lassen und durch eine Kartoffelpresse drücken. Gleichzeitig Erbsen weichkochen und ebenfalls durch die Kartoffelpresse drücken.
2. Die Sahne etwas einkochen lassen und zu den Pfälzer Grumbeere und Erbsen geben. Das Püree mit Salz, Pfeffer und Muskat würzen.
3. Die Schalotte in heißem Öl goldgelb braten und zum Abtropfen in ein Sieb geben.
4. Das Püree nun mit dem Schneebesen oder Handrührgerät glattrühren. Die Schalotten dazugben und unterheben.

Oliver Schäfer, Andreas Buck

Die meisten FCK-Spieler essen am liebsten Sauerbraten mit Spätzle. Chefkoch Siegfried Völker erhielt eine eindrucksvolle Bestätigung dieser These, als er Oliver Schäfer nach seiner Leibspeise fragte. „Sauerbraten mit Spätzle“ kam es wie aus der Pistole geschossen. Schwabenpfeil Andreas Buck, der zufällig dabeistand, bekam sogleich glänzende Augen. „Meine auch!“ In diesem Moment kamen der Masseur Heinz Bossert und Zeugwart Fritz Kraus um die Ecke. „Um was geht's,

Männer?“ „Um Sauerbraten mit Spätzle.“ „Mmh, mein Leibgericht“ riefen die beiden wie aus einem Mund. So kam's, daß für diese rheinisch-schwäbische Spezialität nicht einer, sondern gleich vier Autoren verantwortlich sind. Voilà, hier ist er, der heißgeliebte

Sauerbraten mit handgeschabten Spätzle

Zutaten (für 4 Personen):
800 g Rindfleisch (vom dicken Bug), 2 Möhren, eine große Zwiebel, 1/8 l Weinessig, 1 l Wasser, drei Nelken, 8 Pfefferkörner, ein Lorbeerblatt, vier Wacholderbeeren, eine Prise Zucker, Pfeffer, Salz, 30g Biskin Pflanzencreme, 60g Lebkuchenbrösel, ein Eßlöffel Apfelkraut, 200 g Rosinen und 3 Eßlöffel saure Sahne.

Zutaten Spätzle:
375 g Mehl, zwei Eier, ein Eßlöffel Biskin Pflanzencreme

Zubereitung:

1. Das Fleisch in eine große Schüssel geben. Möhren und Zwiebel schälen und kleinschneiden. Mit Essig, Wasser und den Gewürzen aufkochen, abkühlen lassen und über das Fleisch gießen. Das Fleisch 4 bis 5 Tage in der Marinade ziehen lassen, ab und zu wenden.
2. Fleisch aus der Marinade nehmen, trockentupfen und mit Pfeffer und Salz einreiben. Biskin Pflanzencreme erhitzen, das Fleisch darin auf allen Seiten scharf anbraten.
3. Lebkuchenbrösel und Apfelkraut dazugeben. Die Marinade durch ein Sieb gießen, den Braten damit ablöschen. Bei mittlerer Hitze eineinhalb Stunden schmoren lassen, dabei immer wieder mit dem Bratenfond begießen – gelingt ganz leicht in der Bratkasserolle von Gundel.
4. Die Rosinen waschen und 15 Minuten vor Ende der Garzeit dazugeben.
5. Das Fleisch herausnehmen und warm stellen. Die Soße abschmecken und mit saurer Sahne verfeinern. Das Fleisch aufschneiden, auf einer Platte anrichten und die Soße über das Fleisch gießen.

So vielseitig – eins für alles in der warmen Küche: zum Braten, Abschmelzen von Gemüse und Verfeinern von Soßen.

Zubereitung Spätzle:

1. Mehl, Eier und etwas Salz zu einem Teig verarbeiten, dabei bis zu einem viertel Liter Wasser dazugeben (je nach Größe der Eier) und den Teig so lange schlagen, bis er Blasen wirft. Zum Schluß die Biskin Pflanzencreme unterrühren.
2. In einem großen Gundel-Topf reichlich Salzwasser zum Kochen bringen. Ein kleines Brett mit kaltem Wasser anfeuchten. Eine kleine Portion Teig auf das Brett geben und mit einem nassen Messer schmale Teigstreifen ins kochende Salzwasser schaben. Tip: Das Messer zwischendurch immer wieder naß machen, damit der Teig nicht daran kleben bleibt. Die Spätzle sofort mit dem Schaumlöffel aus dem Wasser nehmen, sobald sie an die Oberfläche kommen. Je zügiger man arbeitet, desto körniger sind die Spätzle hinterher.
3. Die fertigen Spätzle in kaltem Wasser auskühlen lassen, und auf einem Sieb abtropfen lassen. In einer Gundel-Pfanne Biskin Pflanzencreme erwärmen und die Spätzle darin anschwenken.

Thomas Franck

Der kulinarische Wunsch von Thomas Franck beweist, daß der Odenwälder viel von gehobener klassischer Küche versteht. Denn nur echte Feinschmecker kennen so leckere und raffinierte Gerichte wie

Hase mit Wacholderrahmsoße und Schneebällchen

Zutaten (für 6 Personen):
1 küchenfertigen Hasen, Salz, Pfeffer, Rosmarinblättchen, 50 g Biskin Pflanzencreme, 125 g fette Speckscheiben, 1 Zwiebel, 1 Möhre, 1 Lorbeerblatt, 10 zerdrückte Wacholderbeeren, 5 Pimentkörner, 1/4 l heißes Wasser, 150 g saure Sahne, 5 EL Kondensmilch, etwas Speisestärke, etwas kaltes Wasser.

Zutaten Schneebällchen:
1 kg Pfälzer Grumbeere, 60 g Grieß, 80 g Mehl, 2 Eier, Salz, Muskat, Majoran.

Zubereitung:

1. Den Hasen unter fließendem kaltem Wasser abspülen, trockentupfen, enthäuten und von allem Fett befreien. Keulen und Läufe vom Rücken trennen und das Fleisch mit Salz und Pfeffer einreiben sowie mit den Rosmarinblättchen bestreuen. Anschließend mit Biskin Pflanzencreme bestreichen und die Speckscheiben darüber legen.
2. Das vorbereitete Fleisch (außer Rücken) in die feuerfeste Gundel-Bratkasserolle geben. In Würfel geschnittene Zwiebel und Möhre, das Lorbeerblatt, die zerdrückten Wacholderbeeren und die Pimentkörner dazugeben. Im vorgeheizten Backofen bei 200 bis 220 Grad 1 1/2 Stunde schmoren. Nach 15 Minuten Bratzeit den Rücken erst dazulegen. Ab und zu mit dem Wasser aufgießen und mit dem Bratensatz übergießen. Nach der Garzeit den Hasen herausnehmen und warm stellen.
3. Die Sahne und die Kondensmilch in den Bratenfond geben, aufkochen lassen und mit etwas Speisestärke binden.

Zubereitung: Schneebällchen

1. Die Pfälzer Grumbeere waschen und mit der Schale kochen. Pellen und heiß durch eine Kartoffelpresse drücken. Erkalten lassen.
2. Die oben genannten Zutaten zu den Pfälzer Grumbeere geben, vermengen und mit nassen Händen Klöße formen.
3. In kochendem Wasser ziehen lassen bis sie schwimmen.

Am besten schmeckt dazu Rotkohl.

Thomas Riedl

Thomas Riedl setzt beim 1. FCK beste Familientraditionen fort, denn schon sein Vater war ein vielgerühmter Roter Teufel. Riedl Junior, technisch versierter und brandgefährlicher Mittelfeldspieler, liebt es beim Essen temperamentvoll italienisch:

Spaghetti mit Lachsstückchen und Kaisergranat

Zutaten (für 4 Personen):
400 g Spaghetti, Salz, Olivenöl, 800 g frischer filetierter Lachs, 4 Kaisergranat, 1 l süße Sahne, 1 EL Pesto, 5–6 frische Basilikumblätter, 2 Zehen Knoblauch, Pfeffer aus der Mühle, 4 EL Parmesankäse.

Zubereitung:

1. Spaghetti in kochendem Salzwasser al dente kochen (5–7 Minuten).
2. In der Zwischenzeit Knoblauchzehen in Olivenöl glasig dünsten, Pesto hinzugeben und mit der frischen Sahne aufgießen. Einkochen lassen, den in Würfel geschnittenen Lachs hinzugeben und kurz mit aufkochen lassen.
3. Kaisergranat ca. 2 Min. in Olivenöl und Knoblauch anbraten.
4. Die Spaghetti in einem Sieb abtropfen und mit der Soße und dem Lachs vermischen. Den Kaisergranat dazulegen. Die frischen Basilikumblätter kleinschneiden und hinzugeben. Mit Salz und Pfeffer aus der Mühle abschmecken und frisch geriebenen Parmesankäse darüberstreuen.

In der Spezialpfanne von Gundel gelingt Ihnen jede Art von Fisch.

DIE LIEBLINGSGERICHTE UNSERER STARS

Harry Koch

Auch die Bayern wissen, was schmeckt. Harry Koch, erfolgreicher Abwehrspieler und liebevoller Familienvater, macht da keine Ausnahme. Ein vollendeter Genuß ist sein

Rehrücken mit Sellerie à la Crème und Kartoffelröschen

Zutaten (für 6 Personen):
1 Rehrücken (1,2 kg mit Knochen), 1 Bund Suppengrün, 1 Zwiebel, 250 g Rehknochen, 110 g Biskin Planzencreme, Salz, Pfeffer, 5–6 Pfefferkörner, 1/2 l kräftiger Rotwein, 200 ml Sahne, 500 g Knollensellerie, 5 EL geschlagene Sahne.

Zutaten Kartoffelröschen:
Kartoffelbrei aus 1 1/2 Pfund Pfälzer Grumbeere, 2–3 EL Preiselbeerenkompott.

Zubereitung:

1. Den Rehrücken sauber zuschneiden, von Haut und Fett befreien. Das Suppengrün und die Zwiebel kleinschneiden. Knochen, Suppengrün und Zwiebel in 20 g Biskin Pflanzencreme gut anbraten. Salz, Pfeffer und Pfefferkörner dazugeben und mit Rotwein aufgießen. Bei mittlerer Hitze in etwa 30 Minuten um die Hälfte einkochen. Diesen Fond nun durch einen Sieb gießen, mit 200 ml Sahne aufkochen und nochmals um die Hälfte einkochen lassen.

2. 50 g Pflanzencreme von Biskin in einem Gundel-Bräter erhitzen und den Rehrücken rundherum anbraten. Im Backofen bei 220 Grad 20 Minuten braten.
3. Den Knollensellerie schälen, kleinschneiden und in ein wenig Salzwasser weich dünsten, bis das Wasser verdampft ist. Die Sahne dazugeben und im Mixer sehr fein pürieren. Die restlichen 40 g Biskin Pflanzencreme unterziehen.

Zubereitung Kartoffelröschen:
Vom Kartoffelbrei mit grober Spritztülle dicke Röschen auf ein Kuchenblech aufspritzen. In heißem Backofen hellbraun backen. Obenauf eine Messerspitze Preiselbeeren geben und auf einer Platte anrichten.

Pascale Ojigwe

Pascale, unser Nachwuchsspieler aus Nigeria, spricht besser englisch als deutsch und so antwortete er auf Siegfried Völkers Frage nach seinem Leibgericht kurz und bündig: „Stew." Da es sich beim FCK-Chefkoch sprachlich genau umgekehrt verhält, wurden nun umfangreiche Erläuterungen notwendig, die in einem ebenso leckeren wie reichhaltigen nigerianischen Nationalgericht mündeten, nämlich

Eintopf mit Kartoffeln, Gemüse, Rind-, Lamm-, Schwein- und Kalbfleisch

Zutaten (für 4 Personen);
50 g Ochsenmark, 150 g Schweinefleisch (Bug), 150 g Rindfleisch (Hochrippe), 150 g Lammfleisch (Schulter), 150 g Kalbfleisch (Schulter), 2 Zwiebeln, 4 Möhren, 1/2 Sellerieknolle, 600 g Pfälzer Grumbeere, 1 Lauchstange, 300 g Weißkohl, 300 g grüne Bohnen, 1 Bund Petersilie, Salz, Pfeffer, 200 g Erbsen (tiefgekühlt) 1/2 l Fleischbrühe.

Zubereitung:

1. Das Ochsenmark in Scheiben und die Fleischsorten in 3 cm große Würfel schneiden. Zwiebeln, Möhren, Sellerie und die Pfälzer Grumbeere schälen, den Lauch putzen, vom Weißkohl den Strunk entfernen und die Bohnen entfädeln. Gemüse kleinschneiden, Bohnen in Stücke brechen und die Petersilie hacken.
2. Eine Gundel-Bratkasserolle, bestens geeignet zum Schmoren, mit den Markscheiben auslegen. Fleisch, vorbereitetes Gemüse, Pfälzer Grumbeere und Petersilie abwechselnd einschichten und dabei jede Schicht salzen und pfeffern. Mit Brühe begießen und bei schwacher Hitze etwa zwei Stunden garen. 20 Minuten vor Ende der Garzeit die Erbsen untermischen.

Janos Hrutka, Lajos Szücz

Janos Hrutka und Lajos Szücz sind beide in der Winterpause zum FCK gekommen. Und obwohl ihre Heimat reich an kulinarischen Köstlichkeiten ist, lieben beide ein vermeintliches Erfolgsrezept, auf das seit 1954 wohl alle ungarischen Fußballer schwören (s. Vorwort)

Hühnerfrikassee

Zutaten (für 4 Personen):
1 Maispoularde (1,5 kg), 500 g Suppengemüse (Sellerie, Lauch, Karotten), 1 große Zwiebel, 2 Lorbeerblätter, 3 Stiele Liebstöckel, 4 Wacholderbeeren, 1 EL weiße Pfefferkörner, Salz, 60 g Biskin Pflanzencreme, 40 g Mehl, 1/4 l Weißwein, 250 g frische Champignons, Pfeffer (Mühle), 3 Tomaten, 300 g Tiefkühlerbsen, 2 EL Kapern, 100 ml Schlagsahne, 2 Eigelb, je 1/2 Bund Petersilie und Kerbel, 2–3 EL Zitronensaft.

Zubereitung:

1. Poularde in kochendem Wasser kurz blanchieren, in kaltem Wasser aufsetzen.
2. Das Suppengemüse grob würfeln. Die Zwiebel halbieren und mit der Schnittfläche in einer Gundel-Pfanne trocken rösten.
3. Suppengemüse, Zwiebel, Lorbeer, Liebstöckel, Wacholder, Pfefferkörner und Salz zur Poularde geben und bei milder Hitze 40 Minuten leise kochen. Herausnehmen, abtropfen und abkühlen lassen. Die Brühe durch ein feines Sieb geben.
4. Poularde zerteilen, dabei Haut und Fett entfernen. Die Fleischstücke in 2 cm dicke Würfel schneiden und zugedeckt beiseite stellen.
5. 40 g Biskin Pflanzencreme in einem Gundel-Topf zerlassen. Das Mehl darin anschwitzen. 1/2 l Geflügelbrühe und den Weißwein dazugießen und in 10 Minuten unter Rühren etwas einkochen.
6. Champignons putzen und vierteln. Restliche Pflanzencreme erhitzen. Pilze darin anbraten, mit Salz und Pfeffer würzen.
7. Tomaten brühen, häuten, achteln und dabei entkernen.
8. Fleisch und Pilze in der Soße aufkochen. Die Hitze zurückschalten. Erbsen, Tomaten und Kapern darin erwärmen.
9. Sahne und Eigelb verquirlen. Das Frikassee damit legieren, mit Salz, Pfeffer und Zitronensaft abschmecken. Die gehackten Kräuter unterrühren. Als typische Beilage empfiehlt sich Reis.

Gerald Ehrmann

Wenn Torwarttrainer Gerry den FCK-Treff betritt, ist in der Küche Action angesagt. Bekannt für seinen gesunden Appetit, ordert der erfahrene Haudegen, der ca. 500 Einsätze im FCK-Tor bestritt, meistens eine XXL-Portion

Heringsfilet „Hausfrauenart" mit Pellkartoffeln

Zutaten (für 4 Personen):
12 Heringfilets, Salz, Pfeffer,
1 geschälter säuerlicher Apfel,
1 mittelgroße Zwiebel,
1 geschälte Karotte, 2 Becher saure und 2 Becher süße Sahne,
2 Essiggurken, etwas Senf,
1–2 zerdrückte Wacholderbeeren,
frische Petersilie.

Zutaten Pellkartoffeln:
8 mittelgroße Pfälzer Grumbeere, Salz, Kümmel.

Zubereitung:

1. Wenn die Heringsfilets sehr salzig sind, 1–2 Stunden im kalten Wasser wässern.
2. In der Zwischenzeit die Soße herstellen. Apfel vierteln und in dünne Scheiben schneiden, Zwiebel vierteln und in Streifen schneiden. Ebenso Essiggurke und Karotte in feine Scheiben schneiden. Süße und saure Sahne mit etwas Senf, Wacholderbeeren und Essiggurkenfond in eine Schüssel geben und glattrühren. Apfel, Zwiebel, Karotte und Essiggurke hinzufügen.
3. Den Hering abtropfen lassen und mit der Soße übergießen. 5–7 Stunden durchziehen lassen. Mit frischer Petersilie schön garnieren.

Zubereitung Pellkartoffeln:

Neue Pfälzer Grumbeere in der Schale gar kochen, Salz und Kümmel ins Wasser geben. Anschließend herausnehmen und pellen.

Reinhard Stumpf

Co-Trainer Reinhard Stumpf wurde schon 1991 mit dem FCK Deutscher Meister. Das „kaiserliche" an seinem Lieblingsgericht ist denn auch wohl eher auf diese Tatsache zurückzuführen als auf irgendwelche Reminiszenzen an Fußballkaiser Franz Beckenbauer.

Kaiserschmarren

Zutaten (für 4 Personen):
200 g Mehl, 4 Eigelb, etwas Salz, 1/4 l Milch, 4 Eiweiß, 30 g Staubzucker, 40 g Rosinen, Biskin Pflanzencreme.

Zubereitung:

1. Aus Mehl, Salz, Eigelb und Milch einen glatten Teig rühren und den aus 4 Eiweiß und etwas Staubzucker geschlagenen Schnee darunterziehen.
2. In einer Gundel-Pfanne Biskin Pflanzencreme erhitzen, die Teigmasse fingerdick eingießen und die Rosinen darüber streuen. Sobald der Teig goldbraun gebacken ist, wenden und auf der anderen Seite backen. Mit einer Gabel in Stücke zerreißen und auf einer Platte anrichten. Als Beilage eignet sich Kompott jeglicher Art.

Heinrich Loch

Heinrich Loch, Mannschaftsmasseur und FCK-Urgestein, massierte schon die Waden von Torwart-Legende Ronnie Hellström. Die Tatsache, daß Heinrich ständig prominente Fußballhelden am Wickel hat, hat vielleicht auch ein wenig auf seinen Rezeptwunsch abgefärbt:

Krautwickel mit Kartoffelschnee

Zutaten (für 4 Personen):
1 Weißkohl, 200 g Rinderhackfleisch, 200 g Schweinehackfleisch, 1 Zwiebel (feingehackt), 2 Eier, Salz Pfeffer Muskat, 4 Scheiben Speck, 2 El Biskin Pflanzencreme, 150 ml Fleischbrühe, 100 g saure Sahne.

Zutaten Kartoffelschnee:
1 kg Pfälzer Grumbeere, 1 Brise Muskat, Salz, Butterflöckchen.

Zubereitung:

1. Weißkohl in kochendem Wasser blanchieren, danach die Blätter ablösen. Immer 3 bis 4 Blätter auf ein Küchenpapier legen.
2. Hackfleisch, Zwiebel und Eier vermengen und mit Salz, Pfeffer und Muskat würzen. Jeweils ca. 100 g Hackfleischmasse auf die Krautblätter geben. Die Blätter seitlich einschlagen, von der Längsseite aufrollen, die Speckscheiben darüberlegen und mit Küchengarn zusammenbinden.
3. Die Krautwickel in heißer Pflanzencreme von Biskin anbraten, Fleischbrühe dazugeben und ca. 60 Minuten dünsten.
4. Krautwickel herausnehmen und den Fond mit der Sahne binden. Die Soße darf nicht mehr kochen. Mit Salz, Pfeffer und Muskat abschmecken. Die Soße getrennt zu den Krautwickeln servieren.

Zubereitung Kartoffelschnee:
Pfälzer Grumbeere im Salzwasser kochen. Schälen, heiß durch eine Kartoffelpresse drücken und sofort auf eine Anrichtplatte geben. Mit Butterflöckchen belegen und etwas frisch geriebenes Muskat darüberstreuen.

Gutes aus der Pfalz

Nirgendwo in Deutschland ist die Begeisterung für einen Fußballclub so groß wie in der Pfalz. Und noch größer und intensiver ist die Treue zu den Roten Teufeln vom Betzenberg. Der 1. FC Kaiserslautern ist in der Region tief verwurzelt.

Besonders starke Wurzeln, ja regelrechte Knollen, verankern den Traditionsclub in der pfälzischen Landwirtschaft. Insbesondere die Erzeuger der PFÄLZER GRUMBEERE zählen seit Generationen zu den aktivsten Fans des 1. FCK.

Schon zu Fritz Walters Zeiten wurden die Fußballer bei regelmäßigen Besuchen in der Vorderpfalz immer mit frischen Grumbeere versorgt. Und auch 1996 sorgten diese „Energiespritzen“ dafür, daß der 1. FCK das Deutsche Pokalendspiel gegen den Karlsruher SC im Berliner Olympiastadion mit 1:0 gewinnen konnte.

In der Vorderpfalz frisch geerntet, wurden die ersten Frühkartoffeln Deutschlands mit einem geschmückten Traktor nach Berlin transportiert.

Vor dem FCK-Hotel wurden im Beisein von Ministerpräsident Beck und Pfälzer Musikantengruppen die Kraftspender als Präsent an Präsidium und Mannschaft überreicht. Und weil

diese PFÄLZER GRUMBEERE damals die nötigen Kraftreserven mobilisierten, wurden die Spieler auch für die ganze Zweitliga-Saison mit ausreichenden Grumbeere-Portionen versorgt. Die Folgen feiert die ganze Pfalz jetzt Wochenende für Wochenende.

Der 1. FC Kaiserslautern hat das richtige Rezept für Leistung und Harmonie gefunden. Unter diesem Klima werden in der Pfalz noch viele spektakuläre Erfolge gedeihen.

Siegfried Völker kennt die erfolgreichen Typen unter den PFÄLZER GRUMBEERE.

Wie eine Fußballmannschaft brauchen auch Erfolgsrezepte „Mitspieler“ mit unterschiedlichen Eigenschaften.

Michael Schjönbergs Salzkartoffeln, ein wahrer Genuß mit der festkochenden Selma

Die mehligkochende Likaria eignet sich vorzüglich für Jürgen Risches Leibgericht.

Mit der vorwiegend festkochenden Quarta gelingt Axel Roos' „Pfälzer Schales“ garantiert.

Besondere Typen eben, die Spiel oder Gericht zum Genuß machen. Gerade bei Kartoffeln, ob als Spezialität oder Beilage, ist die jeweilige Kocheigenschaft von entscheidender Bedeutung für die Qualität eines Menüs. Beim Kartoffeleinkauf sollte man deshalb den Speiseplan im Kopf haben und ganz gezielt die entsprechende Sorte auswählen.

Die pfälzischen Grumbeere-Erzeuger bieten erstklassige Sorten mit verschiedenen Kocheigenscchaften an. Die jeweilige Klassifizierung und Sortenbezeichnung findet der Verbraucher auf dem Grumbeere-Säckchen abgedruckt.

Ein paar Sortenbeispiele aus den FCK-Rezepten von Siegfried Völker werden hier beschrieben.

Teuflische Snacks für die Siegesfeier

Teufelszeug (für 4 Personen)

500 g Nudeln in Salzwasser etwa 10 Minuten kochen. Hier sind natürlich die 1. FCK-Nudeln „Teufelszeug" oder „Rote Teufel", hergestellt von der Firma Alb-Gold Teigwaren, ein unbedingtes Muß. Die originellen Hartweizengrieß-Nudeln in Form von Fußballschuhen, Pokalen und Trillerpfeifen u. ä. gibt's im Fanshop.

Teufelssauce

Zutaten:

1 kg reife Tomaten, 1 Peperoncino, ersatzweise 1 scharfe Chilischote, 1 Zwiebel, 2 Knoblauchzehen, 2 Eßlöffel Olivenöl, 1/8 Liter Rotwein, Salz, Pfeffer aus der Mühle, evtl. Cayennepfeffer.

Zubereitung:

1. Tomaten in kochendem Wasser kurz brühen, herausnehmen, enthäuten, entkernen und das Fruchtfleisch kleinhacken. Zwiebeln und Knoblauch feinhacken.
2. In einem breiten Gundel-Topf Olivenöl erhitzen; Zwiebeln und Knoblauch andünsten, Peperoncino, 1/8 l Rotwein und die gehackten Tomaten einrühren.
3. Salzen und pfeffern – bei kleiner Hitze ca. 40 Minuten köcheln lassen.

Teuflische Snacks für die Siegesfeier

Birne in Dornfelder Rotwein mit weißem Schokoladenmousse

Zutaten (für 6 Personen):
6 mittelgroße Birnen, 500 ml Rotwein, 250 ml Holunderbeerensaft, abgeriebene Schale von je einer Zitrone und Orange (unbehandelt), 200 g Zucker, 3 Nelken, 1 Zimtstange.

Zutaten Schokoladenmousse:
300 g weiße Kuvertüre, 2 Eier, 2 Eigelb, 2 Blatt Gelatine in kaltem Wasser eingeweicht, 3 EL Rum, 600 g geschlagene Sahne.

Zubereitung Birnen:
Alle Zutaten – außer den Birnen – in einen Topf geben und aufkochen lassen. Die Birnen schälen, halbieren und das Kerngehäuse entfernen. Die Birnenhälften 5 bis 10 Minuten im Topf pochieren. Anschließend vom Herd nehmen und in der Flüssigkeit akühlen lassen (die Birnen können ruhig einen Tag in der Kochflüssigkeit bleiben, das verstärkt das Aroma). Danach herausnehmen und zum Servieren fächerförmig aufschneiden.

Zubereitung Schokoladenmousse:
Die Kuvertüre im Wasserbad schmelzen. Die Eier und die beiden Eigelb über dem Wasserbad schaumig schlagen. Nun die ausgedrückte Gelatine, die aufgelöste Kuvertüre und den Rum unter die Eimasse rühren. Die geschlagene Sahne sofort unterheben. Das Mousse in einem Kühlschrank für etwa 3 Stunden kühlstellen. Von dem Mousse mit einem großen Löffel Nocken abstechen und je zwei Nocken auf einen Teller geben, die in Fächer geschnittene Rotweinbirne ansetzen und mit der Kochflüssigkeit überziehen.

dann klappt's auch mit dem Toreschießen

Austausch von Tips und Tricks – für die Mannschaftsärzte Dr. Wolfgang Franz (Mitte) und Dr. Stefan Thaler (links) immer wieder ein Vergnügen.

Wenn Siegfried Völker unsere FCK-Profis bekocht, muß er nicht nur auf die Appetitlichkeit und den vorzüglichen Geschmack der Speisen achten, sondern auch auf deren Nährstoffgehalt. Eine gesunde und ausgewogene Ernährung ist für unsere Stars mindestens genauso wichtig wie ein vernünftiges Training. Denn was nützt schon die beste Technik und Taktik, wenn man auf dem Platz saft- und kraftlos ist und ohne die nötige Spritzigkeit agiert.

Ein guter Grund für Chefkoch Völker, sich mit den beiden langjährigen FCK-Mannschaftsärzten Dr. Wolfgang Franz und Dr. Stefan Thaler zu beraten. Beide sind übrigens leidenschaftliche Hobbyköche und stecken schon deshalb ihre Nasen gerne in Siegfried Völkers Kochtöpfe.

Oft besuchen sie ihn in seiner Gourmetküche. Einerseits möchten sie natürlich die neuesten Tricks aus der Kunst des Kochens erfahren und andererseits geben sie ihm wichtige Tips, was eine sinnvolle Ernährung für Profisportler angeht. Und was für unsere Berufskicker richtig ist, das kann natürlich auch für Freizeit- und Hobbysportler nicht falsch sein.

Elementar ist zunächst die ausreichende Versorgung des Körpers mit Brennstoffen. Diese Brennstoffe, die sogenannten Kohlenhydrate, sorgen dafür, daß der Organismus genügende Energiereserven anlegen kann, um sie zur rechten Zeit zu aktivieren. Die besten Kohlenhydratlieferanten sind auf Grund ihrer Struktur Nudeln und Teigwaren, bevorzugt Hartweizengrießprodukte. Ebenso empfehlenswert sind Kartoffeln und Reis, wobei natürlich die Art der Zubereitung von entscheidender Bedeutung ist. Klar ist, daß Pommes und Chips weniger gut sind als Pellkartoffeln.

Überhaupt: die Fettzufuhr sollte nicht allzu hoch gehalten werden. Ein sparsamer Umgang mit Wurst, Käse, Butter u. ä. ist zu empfehlen. Der Fettgehalt unserer Eiweißlieferanten Fleisch, Fisch und Milch reicht vollkommen aus, um dem Bedarf unseres Körpers gerecht zu werden. Auch seinen Vitaminbedarf kann man nahezu vollständig durch Obst, Salate, Gemüse und Fruchtsäfte decken. Selbst bei unseren FCK-Profis ist daher eine Vitaminsubstitution bei ausgewogener Ernährung praktisch nicht nötig. Manche Vitamine, wie z. B. die in Rohkostsalaten enthaltenen E und F, können von unserem Körper nur resorbiert, d. h. aufgenommen und verwertet werden, wenn sie in Verbindung mit Fett zugeführt werden. Hier empfiehlt sich natürlich die Zugabe von hochwertigen Produkten mit mehrfach ungesättigten Fettsäuren, wie beispielsweise kaltgepresstes Olivenöl oder Distelöl.

Im allgemeinen gilt also die Regel: Frische Produkte, ausgewogen in ihrer Zusammenstellung, mit hochwertigen Zutaten schonend zubereiten. Ein einfaches Beispiel unserer FCK-Ärzte zeigt die Bedeutung einer vollwertigen Ernährung: „Wenn ein Hochleistungssportler denkt, mit Currywurst und Pommes Frites seine optimale Leistung bringen zu können, dann ist das genauso, wie wenn man erwarten würde, daß ein Formel-1-Rennwagen mit Diesel anstatt mit hochwertigem Benzin betankt einen Grand Prix gewinnt."

Beide „erste Sahne"

Talente und Vorlieben sind im Haushalt Eckel klar verteilt. Während sich Horst Eckel leidenschaftlich für alles rund um den Sport begeistert und auch nach wie vor selbst in vielen Sportarten aktiv ist, kümmert seine Frau Hannelore das schweißtreibende Vergnügen nur wenig. Zwar hat sie, genau wie ihre beiden Töchter, durchaus sportliches Talent, doch fehlt ihr der Ehrgeiz, den ihr Mann in dieser Hinsicht so auszeichnet. Dafür aber ist sie eine passionierte und ganz hervorragende Köchin. Wenn ihr Horst wieder mal abgekämpft nach Hause kommt, verwöhnt sie ihn gerne mit einem seiner Lieblingsgerichte: Sie tischt ihm leckere Sahnenierchen mit Schneebällchen (s. S. 32) und knackigen grünen Salat auf. Die Nierchen putzt Hannelore Eckel bereits am Vortag und schneidet sie in kleine Stücke. Anschließend legt sie die Nierchen 24 Stunden lang in Wasser ein. Am darauffolgenden Tag werden sie von ihr abgetupft und mit schönen frischen Zwiebeln und etwas Butter angebraten. Das Würzen mit Salz und Pfeffer geht dabei gefühlsmäßig von der Hand. Denn mit ähnlich viel Erfahrung in der Kunst des Kochens, wie ihr Mann auf dem grünen Rasen, trifft Hannelore Eckel immer das richtige Maß. Nun dickt sie den Sud mit Mehl ein und füllt ihn mit reichlich Sahne auf. Und schon sind sie fertig, die Sahnenierchen à la Eckel. Fehlt noch der grüne Salat: Auch der wird zuerst einmal feinsäuberlich geputzt. Anschließend hackt Hannelore Eckel kleine Zwiebelchen in winzige Stücke und gibt sie zum Salat dazu. Der Salat wird wohl dosiert mit Essig und Olivenöl angemacht und schließlich mit etwas Sahne verfeinert. Denn Horst Eckel liebt Sahne über alles. Und das ist auch nicht weiter verwunderlich, wenn man bedenkt, daß er selbst zur ersten Sahne des deutschen Fußballs gehört.

Ein Hochgenuß zum Schluß

Die Pfalz ist traditionsgemäß nicht nur für ihren vorzüglichen Fußball, sondern auch für ihren ausgezeichneten Tabak bekannt. Von dem idealen Klima und den humosen Lehm-Sand-Böden begünstigt, ist es den pfälzischen Tabakbauern von Jahr zu Jahr möglich, leichten und milden, zugleich aber sehr aromatischen Tabak zu ernten. Egal ob als Zigarillo, Zigarette oder Pfeifentabak – der qualitativ hochwertige Rohstoff aus dem pfälzischen Anbaugebiet findet sich in unzähligen Markenprodukten wieder. Kenner und Liebhaber genießen regelmäßig das duftvolle Erlebnis in gemütlicher Atmosphäre.

Aber auch der Tabaklaie verwöhnt sich ab und an gerne und gönnt sich eine wohlschmeckende Zigarre. Vor allem nach einem feinem Essen von Chefkoch Siegfried Völker oder zu besonderen Anlässen, wie einer euphorischen Siegesfeier läßt man es sich schon mal gut gehen.

Besonders edel im Geschmack ist hierbei die exklusive Pfalz-Zigarre. Das handgerollte Meisterwerk reiht sich nahtlos in die reichhaltige Kette pfälzischer Genüsse ein. Sie besteht zu 100% aus edelsten Tabaken und vereinigt in vollendeter Harmonie das Aroma blühender Tabakfelder mit dem Duft Pfälzer Landschaften. Eine echte Spezialität aus der Pfalz, in der sich die Einstellung und Lebensphilosophie unserer schönen Region widerspiegelt.

Dankeschön

Liebe Leserin,
lieber Leser,

es freut mich, daß Sie zu den Fans meines 1. FC Kaiserslautern gehören und daß Sie mit dem Kauf dieses Kochbuchs meine Initiative unterstützen.

Auf meine Anregung hin wurde 1994 der „Verein zur Unterstützung Gemeindenaher Psychiatrie in Rheinland-Pfalz e.V." gegründet. Dieser Verein setzt sich für die gesellschaftliche Wiedereingliederung psychisch kranker Menschen ein und möchte die Aufmerksamkeit der Öffentlichkeit darauf lenken, daß Angebote und Einrichtungen der gemeindenahen Psychiatrie an möglichst vielen Orten gebraucht werden.

Im Vordergrund steht der Gedanke, diesen Kranken eine notwendige Unterstützung gemeindenah anzubieten. Jeder Einzelne soll individuell, seinen Fähigkeiten entsprechend gefördert und gefordert werden, um in ein selbstbestimmtes Leben zurückzufinden. Jedoch ist dies ohne die Mithilfe von Mitbürgerinnen und Mitbürgern undenkbar. Darum liegt mir sehr daran, möglichst viele Menschen auf dieses Thema aufmerksam zu machen und vor allem – für tatkräftige Unterstützung zu gewinnen.

Ihnen danke ich nochmals ganz persönlich für Ihre Unterstützung durch den Kauf dieses Kochbuches. Ich wünsche Ihnen viel Spaß beim Nachkochen und uns allen einen erfolgreichen 1. FC Kaiserslautern.

Herzlichst Ihre

1.FC KAISERSLAUTERN
WEST KURVE
IST DER TEUFEL LOS!
TSU 1860 MÜNCHEN
EN TEUFEL VOM BETZENBERG
YOU'LL NEVER
WALK ALONE
1. FC Kaiserslautern
KAISERSLAUTERN
1860